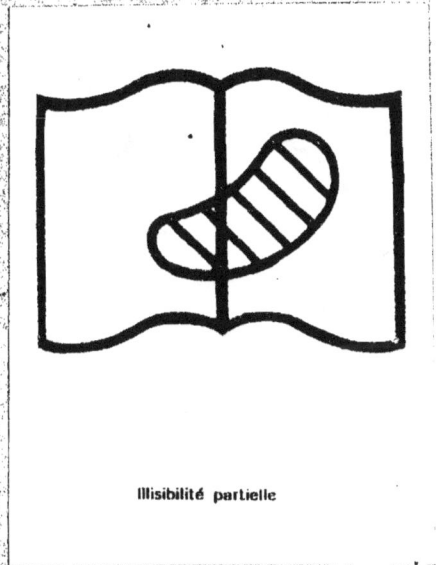

Original en couleur

NF Z 43-120-8

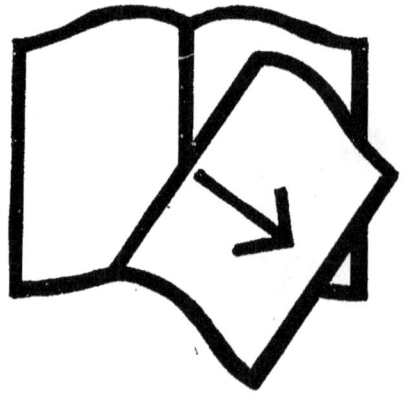

Couverture inférieure manquante

LA DISCIPLINE

DE

LA LÉGION D'HONNEUR

ET

LE CONTROLE DES NOMINATIONS

PAR

M. Léon AUCOC

MEMBRE DE L'INSTITUT

MEMBRE DU CONSEIL D'. L'ORDRE

PARIS

ALPHONSE PICARD, ÉDITEUR

82, RUE BONAPARTE, 82

—

1890

LA DISCIPLINE

DE

LA LÉGION D'HONNEUR

ET

LE CONTROLE DES NOMINATIONS

PAR

M. Léon AUCOC

MEMBRE DE L'INSTITUT
MEMBRE DU CONSEIL DE L'ORDRE

PARIS

ALPHONSE PICARD, ÉDITEUR

82, RUE BONAPARTE, 82

—

1890

8° Z
9663

EXTRAIT DU COMPTE RENDU

De l'Académie des Sciences morales et politiques

(INSTITUT DE FRANCE)

Par M. Ch. VERGÉ

Sous la direction de M. le Secrétaire perpétuel de l'Académie

LA

DISCIPLINE DE LA LÉGION D'HONNEUR

ET LE

CONTROLE DES NOMINATIONS

Ce n'est pas sans regret que l'on se voit obligé de parler d'action disciplinaire à propos de la Légion d'honneur. Il serait à souhaiter que ceux qui, à un moment donné, ont paru dignes d'être signalés à leurs concitoyens comme des modèles, ne fussent pas exposés à subir l'humiliation d'une déchéance et à faire une chute d'autant plus lourde qu'ils tombent de plus haut. Mais l'humanité est sujette à ces alternatives de sentiments élevés et de passions basses, de dévouement et de vengeance ou de cupidité. Assurément les circonstances et le milieu ne produisent pas à eux seuls les vices et les vertus, mais ils fortifient l'énergie du caractère pour le bien ou ils affaiblissent la résistance aux mauvais penchants, et tel, qui s'est élevé dans des occasions favorables, peut être amené à descendre, quand une nouvelle situation le place en présence d'épreuves inattendues. Il a donc fallu prévoir des fautes graves et déshonorantes des membres de la Légion d'honneur et organiser, pour les réprimer, des mesures disciplinaires qui peuvent aller jusqu'à la privation définitive d'une récompense destinée à durer autant que la vie.

L'organisation judiciaire et administrative offre plusieurs exemples d'un pouvoir disciplinaire institué dans des conditions analogues. Nous ne voulons pas parler des mesures qui peuvent être prises contre les fonctionnaires amovibles, et qui se confondent avec le droit de révocation ou qui n'en sont qu'une application partielle, alors même que les fonctionnaires, particulièrement ceux qui ont été nommés à la suite d'un concours ou d'une présentation, seraient protégés par certaines garanties. C'est au contraire avec un caractère spécial, avec une véritable juridiction, dont l'action est limitée à certains cas et réglée par des principes, que se présente le pouvoir disciplinaire créé pour réprimer les fautes graves des titulaires de certaines fonctions publiques, ou de situations assimilées à des fonctions publiques, qui ne pourraient être enlevées par la révocation et qu'on ne doit pas laisser entre des mains indignes.

Ainsi l'inamovibilité des juges des tribunaux civils, des membres des cours d'appel et de la cour de cassation ne les met pas à l'abri de mesures disciplinaires telles que la censure et la suspension, et même la déchéance, quand ils ont « compromis la dignité de leur caractère. » Les avocats inscrits au barreau des cours et tribunaux, qui exercent une profession privée, mais qui concourent à l'œuvre de la justice, peuvent être frappés de mesures analogues quand ils manquent aux devoirs de leur profession et aux lois de l'honneur et de la délicatesse. Il en est de même des notaires, avoués, huissiers et autres officiers ministériels, bien que leurs charges soient acquises à titre onéreux. Quand la loi du 19 mai 1834 a voulu donner aux officiers des armées de terre et de mer des garanties pour leur carrière, et constituer pour le grade une sorte d'inamovibilité en le distinguant de l'emploi, elle n'a pas manqué de décider que, dans le cas de violation des règles de la discipline militaire ou d'inconduite habituelle et de faute contre l'honneur, le grade lui-même pouvait être enlevé. La législation de l'instruction publique organise un pouvoir disciplinaire qui fonctionne d'une manière différente pour les maîtres et professeurs nommés par l'État, et pour les maîtres et professeurs de l'enseignement libre ou privé.

Bien que la situation de membre de la Légion d'honneur constitue une récompense et non une fonction, l'institution du pouvoir disciplinaire était commandée par les mêmes motifs. Le but principal d'une institution de cette nature n'est pas le même que celui de la législation pénale. Il est, avant tout, de sauvegarder les intérêts communs de la corporation à laquelle appartient le membre qui deviendrait indigne de conserver sa situation, de faire disparaître un scandale qui, en rejaillissant sur la corporation elle-même, diminue l'autorité, le crédit, que tous ses membres doivent avoir, le respect et la confiance qu'ils doivent inspirer. Toutes ces raisons s'appliquent à la Légion d'honneur, plus encore qu'aux autres corporations dont nous avons parlé. Le signe de l'honneur est incompatible avec une flétrissure. La valeur, le prestige de la décoration accordée aux membres de cette corporation, de cette légion d'élite, seraient gravement compromis si les membres indignes et qui ont perdu tout droit à l'estime n'en étaient retranchés.

L'opinion publique est loin d'être hostile aux mesures disciplinaires prises en pareil cas. Elle déplore les chutes, mais elle regretterait plus vivement encore qu'elles ne fussent pas suivies d'une répression. Elle arrive même parfois, lorsque des scandales lui sont signalés, à penser que la discipline n'est pas assez rigoureuse, que cette justice spéciale ne se met pas assez vite en mouvement, qu'elle est trop limitée dans son action. Il y a des jours où, subissant des entraînements irréfléchis, elle sacrifierait sans peine des principes qui sauvegardent des droits essentiels et même les garanties dues aux accusés pour obtenir une satisfaction immédiate. D'un autre côté, il lui arrive de confondre l'action disciplinaire avec le contrôle préalable des nominations, de blâmer une surveillance qui laisse passer des décisions regrettables ou du moins de se plaindre de ce que l'on ne prend pas, pour prévenir les erreurs ou les décisions mal justifiées, des mesures analogues à celles qui sont destinées à réprimer les fautes.

Une expérience de près de vingt ans nous a rendu familier avec cette législation généralement peu connue. Nous nous proposons d'étudier ici les règles établies pour le pouvoir disciplinaire et pour le contrôle des nominations et de rechercher si elles suffisent pour maintenir à la décoration de la Légion d'honneur le prestige sans lequel elle ne pourrait plus exercer une utile influence (1).

I

Traitons, en premier lieu, du pouvoir disciplinaire. Il peut s'exercer dans des conditions très différentes.

Il s'applique d'abord, c'est le cas le plus fréquent, à des actions prévues par la loi pénale et qui ont amené des condamnations prononcées par la justice ; il s'agit uniquement de tirer, au point de vue de l'honneur, les conséquences des jugements. Ce pouvoir a été organisé, dès la création de la Légion d'honneur, par un décret du 24 ventôse an XII (15 mars 1804), dont les dispositions ont été reprises dans l'ordonnance royale du 26 mars 1816 et dans le décret du 16 mars 1852, qui ont réglé à nouveau les statuts de l'Ordre.

(1) Les textes et les précédents relatifs à la Légion d'honneur ont été réunis dans un ouvrage publié en 1887 par M. Delarbre, conseiller d'État honoraire, membre du conseil de l'Ordre, qui sera consulté avec beaucoup de profit. Il se termine par une sorte de codification des lois et règlements en vigueur.

Nous devons signaler aussi un excellent travail de M. Levavasseur de Précourt, maître des requêtes au Conseil d'État, commissaire du gouvernement, sur les questions contentieuses relatives à la Légion d'honneur et à la médaille militaire, publié en 1877 dans la *Revue critique de législation et de jurisprudence.*

Il s'applique en outre à des actions qui ne peuvent être l'objet d'aucune poursuite judiciaire et qui cependant attentent à l'honneur d'un membre de la Légion. Ici, on aperçoit facilement que les appréciations sont plus délicates. Prévu par l'ordonnance de 1816, mis en pratique à l'égard des officiers des armées de terre et de mer par un décret du 24 novembre 1852, ce pouvoir n'a été organisé d'une manière complète que par une loi du 25 juillet 1873, et par un règlement d'administration publique du 14 avril 1874.

Chacune de ces deux branches du pouvoir disciplinaire n'est pas régie par les mêmes règles au point de sa procédure, ni au point de vue des bases et des effets de ses décisions.

La législation sur le pouvoir disciplinaire qui s'exerce à la suite de condamnations ne se présente pas, il faut le reconnaître, comme un tout homogène et dont les parties sont bien liées. Quand on la cherche dans les statuts de la Légion d'honneur, tels qu'ils ont été remaniés par le décret du 16 mars 1852, on a de la peine à s'en rendre compte. Il faut, pour s'en faire une idée nette, y ajouter des fragments du code pénal et des codes de justice militaire pour l'armée de terre et l'armée de mer. On reconnaît alors que, pour les crimes, la loi pénale absorbe en quelque sorte la législation sur la Légion d'honneur, que la juridiction qui prononce la peine est chargée d'appliquer la dégradation ordonnée par la loi elle-même, et que l'action du pouvoir disciplinaire spécial à la Légion d'honneur est limitée aux effets des condamnations qui sont les plus nombreuses, il est vrai, mais qui sont les moins graves.

Les statuts de la Légion d'honneur indiquent ce partage en quelques mots. Ils prescrivent que les ministres de la justice, de la guerre, et de la marine transmettent au grand Chancelier des copies de tous les jugements en matière criminelle, correctionnelle ou de police, relatifs à des membres de la Légion d'honneur (1).

Mais en ce qui concerne les condamnations en matière criminelle, c'est-à-dire, à des peines déclarées infamantes, ils ne posent qu'indirectement le principe à appliquer dans cette formule très large dont la rédaction remonte au commencement du siècle : « La qualité de membre de la Légion d'honneur se perd par les mêmes causes que celles qui font perdre la qualité de citoyen français (2), » et ils semblent déléguer aux cours d'assises et aux conseils de guerre le soin d'en tirer les conséquences en prononçant la dégradation dont elles donnent la formule (3).

Cela tient à ce que le législateur, en édictant le Code pénal et les codes de justice militaire, a cru qu'il ne devait subsister aucun doute sur le résultat de ces condamnations, qu'il l'a proclamé lui-même et qu'il n'a voulu laisser ni aux juges ni au pouvoir disciplinaire spécial à la Légion d'honneur le droit d'en délibérer.

Ainsi la dégradation civique établie par l'article 34 du Code pénal et qui constitue soit une peine principale en matière criminelle, soit la conséquence de diverses autres peines rangées dans la même catégorie, les travaux forcés, la détention, la réclusion et le bannissement, consiste non seulement dans la destitution et dans l'exclusion de toutes fonctions publiques, dans la privation de tous les droits civils et politiques, mais en outre, la loi le dit d'une manière expresse, dans la privation du droit de porter aucune décoration. D'autre part, d'après les Codes de justice militaire pour l'armée de terre et l'armée de mer, la dégradation militaire, prononcée à titre de peine principale ou de peine accessoire, entraîne non seulement l'enlèvement des déco-

(1) Décret du 16 mars 1852, art. 40.
(2) Même décret, art. 38.
(3) Même décret, art. 42 et 43.

rations du condamné en même temps que des insignes militaires, mais la privation du droit de porter aucune décoration.(1). Ces deux Codes ont réglé à la fois les conditions et
les formes dans lesquelles la dégradation doit être prononcée par les juges et exécutée, et ils modifient, sur ce point,
en ce qui touche les militaires, l'article 43 des statuts de la
Légion d'honneur (2).

C'est donc ici la justice ordinaire ou la justice militaire
qui prononce une peine applicable de plein droit. L'autorité
spéciale à la Légion d'honneur n'intervient que pour enregistrer la décision judiciaire en rayant le condamné des
matricules de l'ordre (3). C'est une simple mesure d'exécution.

S'il s'agit au contraire de peines prononcées correctionnellement, pour employer les termes mêmes de l'article 46
des statuts, c'est la juridiction disciplinaire spéciale à la
Légion d'honneur qui intervient. Cette expression générale
de peines prononcées correctionnellement comprend soit
les peines prononcées par les tribunaux correctionnels, soit
les peines en matière correctionnelle, comme l'emprisonnement, prononcées par les juridictions criminelles à raison
de l'admission des circonstances atténuantes, soit enfin les
condamnations pour délits prononcées par les juridictions
militaires.

D'après le décret du 24 ventôse an XII, il était statué à
cet égard par le grand conseil d'administration de la Légion
d'honneur, dont les décisions étaient préparées par un
Comité de consultation, institué le 4 germinal suivant et

(1) Code de justice militaire pour l'armée de terre, du 9 juin 1857,
art. 185, 188, 189, 190. Code de justice militaire pour l'armée de mer,
du 4 juin 1858, art. 237 et 242.

(2) Voir notamment les articles 138 et 190 du code du 9 juin 1857 et
la circulaire du ministre de la Justice du 10 août 1858.

(3) Art. 1er et 2 du décret du 24 novembre 1852.

composé de sénateurs, de conseillers d'État et de membres
de la cour de cassation. L'ordonnance du 26 mars 1816 a
donné ce pouvoir au chef de l'État; il est exercé aujour-
d'hui par le Président de la République, après avis du
conseil de l'Ordre, dans lequel siègent des représentants
éminents des armées de terre et de mer, du conseil d'État,
de la cour de cassation et plusieurs membres de l'Institut (1).

« Le chef de l'État peut suspendre, en tout ou en partie,
l'exercice des droits et prérogatives, ainsi que le traitement
attaché à la qualité de membre de la Légion d'honneur
(pour les militaires), et même exclure de la Légion, lorsque
la nature du délit et la gravité de la peine paraissent
rendre cette mesure nécessaire. » Tels sont les termes de
l'article 46 des statuts. Ils nous paraissent laisser au chef
de l'État, éclairé par le conseil de l'Ordre, toute latitude
pour apprécier la gravité de la mesure disciplinaire applicable au fait qui a motivé la condamnation.

Il y a eu cependant une époque où l'on a pu soutenir que
les condamnations à une simple amende prononcées par les
tribunaux correctionnels ne pouvaient entraîner une exclusion, ni même une suspension. Il paraissait résulter d'un
décret du 24 novembre 1852 (art. 5), que le pouvoir du chef
de l'État était limité à cet égard et l'on pouvait penser que
la nature de la peine indiquait un délit qui ne devait pas
avoir de conséquences graves. La pratique de la grande
Chancellerie s'était, à la vérité, établie en sens contraire, à
raison de la gravité de certains faits punis par de simples
amendes. Mais le texte pouvait être invoqué contre la jurisprudence. Il a paru utile, pour trancher la question, d'abro-
ger expressément ce texte par un décret du 9 mai 1874 (2).

(1) Art. 46 et 56 du décret du 16 mars 1852.
(2) Voir les arrêts du Conseil d'État du 15 janvier 1875 (*Ballue*) et
du 3 décembre 1886 (*Vallet de Lubriat*).

Un seul exemple suffira pour en prouver la nécessité. Les infractions aux dispositions de la loi du 24 juillet 1867, sur la constitution et la gestion des sociétés, qui souvent entraînent tant de ruines, peuvent n'être punies que par des amendes plus ou moins considérables. Était-il admissible que des membres de la Légion d'honneur, dont la présence dans les conseils d'administration avait inspiré confiance aux actionnaires et aux porteurs d'obligations, et qui avaient manqué à un devoir essentiel en ne surveillant pas l'accomplissement des règles destinées à sauvegarder les intérêts des associés et des tiers ou en participant aux manœuvres frauduleuses par lesquelles on avait éludé ces règles, fussent à l'abri de toute mesure disciplinaire? N'était-il pas juste qu'une condamnation pour des négligences ou des fraudes d'une pareille gravité eût pour conséquence soit une suspension, soit même, dans certaines circonstances, une radiation?

La liberté d'appréciation du chef de l'État, assisté du conseil de l'Ordre, pour tirer la conséquence des condamnations correctionnelles, a été contestée à un autre point de vue. On a fait remarquer qu'en principe, d'après les articles 38 et 39 des statuts de 1852, la qualité de membre de la Légion d'honneur se perd et est suspendue par les mêmes causes que celles qui font perdre ou qui suspendent la qualité de citoyen français et que ces articles entraînaient, de plein droit, la radiation ou la suspension pour toute condamnation d'où résulte la privation définitive ou temporaire des droits électoraux.

Or, ce n'est pas seulement par suite de la dégradation civique prononcée en matière criminelle qu'on peut être privé des droits électoraux. Le décret du 2 février 1852 exclut aussi des listes électorales les individus auxquels les tribunaux jugeant correctionnellement ont interdit le droit de vote et d'élection, par application des lois qui autorisent cette interdiction, et, en outre ceux qui sont condamnés à

l'emprisonnement, pour un grand nombre de délits qu'il énu-
mère, en prescrivant, suivant le degré d'immoralité du
délit, tantôt que la radiation des listes électorales aura
lieu, quelle que soit la durée de la peine, tantôt qu'elle ne
résultera que d'une condamnation à trois mois d'emprisonnement. Si l'on combine les articles 15 et 16 du décret du
2 février 1852 avec les articles 38 et 39 des statuts de la
Légion d'honneur, a-t-on dit, on doit reconnaître que la
dégradation ou la suspension résulte de plein droit de la
radiation des listes électorales prononcée par suite de
condamnations correctionnelles, comme elle résulte de la
dégradation civique. Dans ce système, la mesure disciplinaire serait commandée par les prescriptions de la loi élec-
torale ; le chef de l'État ne pourrait être ni plus ni moins
sévère ; il ne serait libre que pour apprécier les conséquences des condamnations correctionnelles qui n'entraînent
pas la privation des droits électoraux (1).

Cette opinion n'a jamais été admise par la jurisprudence
du conseil de l'Ordre et nous croyons qu'elle ne devait pas
l'être. L'article 46 des statuts n'aurait pas été conçu
dans des termes aussi généraux, il n'aurait pas dit que le
chef de l'État « peut suspendre et peut même exclure,
lorsque la nature du délit et la gravité de la peine paraissent
rendre cette mesure nécessaire », si sa liberté avait été en-
chaînée pour tous les cas de privation des droits électoraux
résultant de condamnations correctionnelles. Une réserve,
une référence aux articles 38 et 39 d'où l'on tire cette conséquence, auraient indiqué une restriction aussi considérable, si l'auteur des statuts avait voulu l'établir. Le décret

(1) On trouvera cette doctrine exposée dans les conclusions données
devant le Conseil d'État par M. Chante-Grellet, alors maître des requêtes
commissaire du gouvernement, sur une affaire Delahourde, jugée par un
arrêt du 20 février 1885. Le Conseil n'a pas résolu la question. Le
savant annotateur des arrêts du Conseil d'État dans le *Répertoire* de
Dalloz se prononce en sens contraire. Dalloz, 1886, 3e partie, p. 17.

du 24 novembre 1852, rendu pour l'exécution des prescriptions des statuts relatives à la discipline, n'en a fait aucune mention. Nous croyons, conformément à la tradition, que le pouvoir du chef de l'État, pour apprécier les conséquences des condamnations correctionnelles, n'est restreint à aucun point de vue.

Il n'y a qu'un cas où la décision du chef de l'État n'a pas à intervenir pour tirer les conséquences d'une condamnation correctionnelle, c'est pour la suspension des droits et prérogatives attachées à la qualité de membre de la Légion d'honneur pendant la durée de certaines peines, l'emprisonnement, les travaux publics (peine spéciale aux militaires de l'armée de terre et de mer); il en est de même de l'envoi, par punition, dans une compagnie de discipline, d'un militaire des armées de terre et de mer. Cette suspension a lieu de plein droit (1). On ne saurait en effet laisser le signe de l'honneur sur la poitrine d'un prisonnier ou d'un soldat des compagnies de discipline.

Le pouvoir de suspension prévu par l'article 46, et dont le chef de l'État dispose comme du pouvoir d'exclusion, peut s'exercer pour tous les droits et prérogatives des membres de la Légion d'honneur ou seulement pour une partie; le temps varie suivant les circonstances; dans la pratique, il est parfois réduit à six mois, en général il se prolonge pendant plusieurs années.

Il y a là une échelle qui comporte un très grand nombre de degrés applicables à toutes les situations. Au premier abord, on est étonné de l'application d'une peine comme la suspension temporaire du droit de porter la décoration. Assurément cela se comprend et se pratique pour une fonction; mais il semble que si l'honneur est compromis, il l'est d'une manière absolue. Quand on y regarde de près, on aperçoit que tous les délits frappés par des peines correc-

(1) Décret du 24 novembre 1852, art. 3 et 4.

tionnélles, surtout ceux qui sont commis par des militaires,
n'ont pas le caractère honteux et absolument contraire à
l'honneur du vol et de l'escroquerie ; on est amené à reconnaître que la privation définitive du droit de porter une
distinction acquise ou par de longs services, ou par une
action d'éclat et des blessures serait, dans bien des cas, un
châtiment trop rigoureux et que le juge, s'il n'avait d'autre
peine à appliquer que l'exclusion, pencherait trop souvent
pour l'indulgence. Une peine moins forte permet de donner
satisfaction à la justice.

Pour les peines prononcées par les tribunaux de police, à
raison d'infractions à la loi, dans le jugement desquels il
n'est pas tenu compte de l'intention du contrevenant, les
statuts n'indiquent pas qu'elles puissent entraîner une radiation ou une suspension. Toutefois, de ce que les statuts
ont prescrit que les jugements seraient communiqués à la
Grande Chancellerie, on a conclu qu'elles pouvaient, dans
certaines circonstances, motiver des avertissements du
Grand Chancelier.

C'est à la même branche du pouvoir disciplinaire que se
rattachent les dispositions de l'article 1er du décret du 24
novembre 1852, d'après lequel tout individu qui a perdu la
qualité de Français est rayé des matricules de l'Ordre, à la
diligence du Grand Chancelier de la Légion d'honneur, le
conseil de l'Ordre préalablement entendu. Le principe de
cette exclusion se trouve dans les dispositions générales qui
rattachent la qualité de membre de la Légion d'honneur à
celle de citoyen français, et qui sont inscrites, on l'a vu,
dans le décret de 1852, comme elles l'étaient dans l'ordonnance de 1816 et dans le décret de l'an XII. Le législateur a
voulu statuer non seulement sur les conséquences de la
dégradation civique, mais sur les conséquences du change-
ment de nationalité. Sans doute les étrangers peuvent recevoir la qualité de membre de la Légion d'honneur, comme
les Français peuvent recevoir, avec l'autorisation du gou-

vernement, des décorations étrangères; mais ils la reçoivent à ce titre et dans des conditions spéciales. Au contraire, un Français, qui, après avoir été récompensé pour des services civils ou militaires rendus à son pays, change de patrie, n'a plus de titres à conserver sa décoration. Qui pourrait contester cette règle lorsqu'elle s'applique à un Français qui perd sa nationalité parce qu'il a pris du service dans les armées d'un pays étranger ou qu'il y a accepté des fonctions publiques, sans l'autorisation du gouvernement français?

Le même principe est applicable dans le cas de perte des droits civiques par suite d'une décision qui ne serait pas un jugement correctionnel. Ainsi, les commerçants déclarés en état de faillite sont rayés des listes électorales jusqu'à leur réhabilitation. En conséquence, ils subissent également la suspension des droits attachés à la qualité de membre de la Légion d'honneur.

Toutes les mesures disciplinaires que nous venons de signaler ont pour base des jugements ou des faits auxquels la législation elle-même attache expressément comme conséquence une mesure disciplinaire. Le pouvoir exercé dans ces conditions ne comporte donc pas une procédure spéciale.

L'examen par le conseil de l'Ordre des jugements et des pièces qui les accompagnent, celui des états de services, où l'on peut puiser les éléments de circonstances atténuantes ou aggravantes, ont paru offrir les garanties nécessaires. L'instruction contradictoire n'a point paru utile devant le conseil, parce qu'elle a eu lieu ordinairement devant la justice; si le jugement a été rendu par défaut, la suspension seule est prononcée en attendant qu'il devienne définitif, ou qu'il soit rapporté. Les motifs de la sentence n'ont pas besoin d'être donnés autrement que par la mention de la condamnation judiciaire dont le pouvoir disciplinaire tire la conséquence.

Il faut ajouter que les légionnaires traduits ainsi devant

le pouvoir disciplinaire n'ont pas seulement pour garantie
d'une bonne justice les lumières et le caractère des membres
du conseil de l'Ordre et du chef de l'État. Un recours leur
est encore ouvert devant le conseil d'État pour le cas d'excès
de pouvoirs. Nous y reviendrons quand nous aurons exposé
les règles générales de la seconde branche du pouvoir disciplinaire.

II

Le pouvoir, déjà très étendu, dont nous venons d'exposer
les conditions essentielles, n'a pas paru suffisant pour répondre aux exigences de l'honneur. La loi pénale et la justice criminelle ne frappent pas, il s'en faut de beaucoup,
tous les actes contraires à l'honnêteté dans le sens large du
mot, encore moins ceux qui sont contraires à la délicatesse,
lors même qu'ils causent un préjudice à autrui ou qu'ils
produisent du scandale. Il y a longtemps qu'on a dit : « *Non
omne quod licet honestum est.* » Nous ne le disons pas pour
blâmer la législation pénale, qui a raison en général de se
maintenir sur le terrain restrictif où elle s'est placée, bien
qu'elle se modifie quelquefois dans un sens contraire,
comme elle l'a fait quand elle a déclaré punissables les manœuvres connues sous le nom de chantage. La législation
spéciale à la Légion d'honneur peut-elle, doit-elle être plus
rigoureuse ? La question avait été résolue affirmativement
en principe dans l'article 62 de l'ordonnance royale du 26
mars 1816. Cet article portait qu'un règlement particulier
déterminerait les peines à infliger pour les actions qui ne
peuvent être l'objet d'aucune poursuite judiciaire et qui
cependant attentent à l'honneur d'un membre de la Légion.
Mais la mise en pratique de ce principe a rencontré des
difficultés.

Quand, en 1817, la Grande Chancellerie de la Légion
d'honneur présenta au gouvernement le projet de règlement

prévu par l'ordonnance de 1816, le comité de législation du conseil d'État se demanda si une loi n'était pas nécessaire pour établir des règles nouvelles en matière pénale. Il trouvait même beaucoup de difficultés à admettre qu'une juridiction disciplinaire pût réprimer des faits qui n'étaient pas prévus par la loi, bien qu'ils fussent très justement réprouvés par les gens d'honneur. Le projet de règlement fut abandonné à cette époque. Mais si les scrupules du conseil d'État au sujet de la nécessité d'une loi pouvaient se comprendre, les arguments qu'il invoquait contre la mesure en elle-même n'étaient pas décisifs. C'est le propre de toutes les juridictions disciplinaires de connaître non seulement des faits que la loi pénale prévoit et punit, mais de ceux qui, sans tomber sous le coup de la loi et de la justice criminelle, portent atteinte à l'honnêteté et à la délicatesse, aussi bien dans la vie privée que dans l'exercice des fonctions publiques ou des devoirs professionnels. La législation sur la discipline judiciaire en offrait des exemples dont on ne pouvait contester l'autorité. La législation militaire vint fournir, en 1834, un nouvel exemple d'une juridiction disciplinaire fonctionnant pour des cas qui ne donnaient pas lieu à l'application de la loi pénale et qui cependant portaient atteinte à l'honneur. Cette juridiction pouvait enlever à des officiers leur grade et briser leur carrière. Si l'officier mis à la réforme pour faute contre l'honneur était membre de la Légion d'honneur, n'y avait-il pas une contradiction choquante entre le maintien de sa décoration et la perte de son grade ? La question fut résolue par le décret du 24 novembre 1852, qui autorisait à prononcer l'exclusion ou la suspension contre les officiers des armées de terre et de mer mis en réforme pour inconduite habituelle ou pour faute contre l'honneur (1).

(1) Le texte primitif portait : « mis en retrait d'emploi » au lieu de « mis à la réforme ». C'était une erreur qui a été rectifiée par un décret

2

Cette mesure a été étendue à tous les membres de la Légion d'honneur, sans distinction entre les militaires et les civils, par une loi du 25 juillet 1873. Au moment où cette loi était en préparation dans le sein de l'Assemblée nationale, la Grande Chancellerie avait, de son côté, étudié un projet de règlement qui tendait au même but. Elle a suggéré au législateur la pensée de consacrer ce principe. Présentée par la commission qui avait été chargée d'élaborer divers projets d'initiative parlementaire, la proposition avait été écartée dans la séance du 5 juillet 1873. Elle a été reproduite et adoptée sans discussion dans la séance du 25 juillet suivant, après un remarquable exposé du rapporteur, M. Louis La Caze. L'article 6 de la loi de 1873 a repris les termes de l'ordonnance de 1816 et confié à un règlement d'administration publique le soin de déterminer les peines à infliger pour les actions qui ne peuvent être l'objet de poursuites devant les tribunaux ou les conseils de guerre et qui portent atteinte à l'honneur d'un membre de la Légion.

Ce règlement, rendu le 14 avril 1874, après une longue étude du conseil de l'Ordre et du conseil d'État, ne s'est pas borné à déterminer les peines à infliger. Il a organisé aussi toute une procédure, afin de donner des garanties aux légionnaires dont la conduite est incriminée. Il n'a pu mieux faire que d'imiter l'organisation adoptée pour les conseils d'enquête appelés à statuer sur les faits reprochés aux officiers des armées de terre et de mer et qui paraissent de nature à entraîner leur mise en réforme.

Lorsque le grand Chancelier est saisi de rapports émanant des fonctionnaires publics ou de plaintes des particuliers qui lui signalent des faits de nature à entraîner l'application de la loi de 1873, il doit faire procéder à une

du 8 décembre 1859, à la suite d'un arrêt du Conseil d'État du 2 juin 1859. (*Gosse.*)

information sommaire après laquelle il décide s'il y a lieu de donner suite à la plainte. Une commission d'enquête, composée de trois membres d'un grade au moins égal à celui de l'inculpé, est désignée pour entendre ses explications et recueillir des renseignements. La commission transmet au grand Chancelier les explications orales et les mémoires justificatifs qui lui ont été fournis. Elle y joint son avis. Le conseil de l'Ordre peut, à son tour, décider que l'inculpé sera admis à présenter des explications devant trois de ses membres. Il émet son avis, qui ne peut être modifié qu'en faveur du légionnaire et qui doit être pris à la majorité des deux tiers des votants, s'il conclut à l'exclusion.

La nouvelle législation a remanié les règles établies en 1852 à l'égard des officiers. Elle a été déclarée applicable aux militaires, et non seulement aux officiers, mais aux sous-officiers ou soldats contre lesquels des mesures disciplinaires auraient été prises pour des faits portant atteinte à l'honneur.

Les peines qui peuvent être prononcées sont : 1° la censure ; 2° la suspension totale ou partielle de l'exercice des droits et prérogatives et du traitement attaché à la qualité de membre de la Légion d'honneur ; 3° l'exclusion de la Légion.

La censure est prononcée par le grand Chancelier, la suspension et l'exclusion sont prononcées par le Président de la République.

Les garanties, on le voit, sont considérables : instruction contradictoire, examen à deux degrés, nécessité d'une majorité exceptionnelle pour la mesure disciplinaire la plus grave. Sans doute, le conseil de l'Ordre ne donne qu'un avis, mais sa décision ne pourrait être aggravée par le Chef de l'État, qui a seulement le pouvoir d'atténuer la peine proposée.

Ce n'est pas trop de toutes ces garanties quand on se

trouve en présence de faits qui, en général, ne sont pas prévus par la loi et dont les preuves sont souvent difficiles à recueillir, dont les circonstances sont parfois enveloppées d'obscurité et dont l'appréciation est, par suite, souvent délicate.

Le conseil de l'Ordre, qui use de ce pouvoir avec une grande prudence, ne l'emploie que pour réprimer des scandales notoires. Il est des cas dans lesquels il ne peut hésiter et qui sont presque semblables à ceux où il prononce sur les conséquences des jugements des tribunaux. Ainsi des officiers sont mis à la réforme pour inconduite habituelle ou pour faute contre l'honneur, des sous-officiers ou soldats sont frappés disciplinairement pour les mêmes causes; les mesures prises au point de vue militaire commandent des mesures semblables au point de vue de l'honneur. Il ne pourrait en être autrement à l'égard d'un avocat rayé du tableau de son ordre pour faits d'indélicatesse, d'un notaire destitué pour des actes de même nature. Mais le conseil a frappé aussi des légionnaires en se fondant exclusivement sur les éléments d'instruction que lui fournissait la nouvelle législation. Il a rayé un ancien officier associé à une industrie honteuse et qui cherchait à se soustraire à la flétrissure en donnant une démission dont il n'a pas été tenu compte. Il a fait de même pour des légionnaires tombés dans une inconduite habituelle et qui, profitant de la confiance qu'inspirait leur décoration pour faire des dupes, contractaient sans cesse de nouvelles dettes, alors qu'ils n'avaient aucune ressource pour s'acquitter. Il a dû prononcer la radiation d'un légionnaire qui avait obtenu sa décoration par l'influence d'un personnage dont il avait acheté la recommandation à prix d'argent : on n'a pas oublié le procès dans lequel ce marché scandaleux a été constaté et qui a si vivement ému l'opinion publique. Il n'est pas utile de donner d'autres exemples.

La Grande Chancellerie de la Légion d'honneur doit

veiller d'ailleurs à ne pas entrer en conflit avec la justice criminelle. On pourrait croire, au premier abord, que ces conflits sont impossibles, et que le domaine des deux juridictions est bien distinct. La loi du 25 juillet 1873 s'applique aux actes qui ne peuvent être l'objet d'aucune poursuite devant les tribunaux ou les conseils de guerre ; il semble dès lors qu'il suffit, pour délimiter la frontière des deux domaines, de rechercher si un acte est prévu et puni par la loi pénale. Mais ce serait donner à la loi de 1873 un sens trop étroit. Il y a beaucoup de cas dans lesquels des actes prévus et déclarés punissables par la loi pénale ne sont pas l'objet de poursuites devant les tribunaux ou les conseils de guerre. Ils peuvent n'être découverts qu'après le délai dans lequel la justice criminelle est tenue d'exercer ses poursuites. La difficulté de recueillir les preuves, d'autres circonstances peuvent arrêter l'action de la justice, alors même qu'elle en aurait été informée avant l'expiration des délais de la prescription. Une des plus saillantes est l'amnistie, dont nous discuterons plus loin les effets. Quand cette action ne peut plus s'exercer, quand la prescription ou l'amnistie a mis le coupable à l'abri, il est bon, il est conforme à l'esprit et au texte de la loi que le pouvoir disciplinaire puisse se prononcer au point de vue de l'honneur. Sans doute, c'est principalement pour les actes qui n'ont pas été prévus et réprimés par la législation pénale que la loi de 1873 a institué le nouveau pouvoir disciplinaire. Mais quand les poursuites autorisées par la loi pénale ne peuvent plus être exercées, on peut dire que la loi pénale n'existe pas. Ne serait-il pas profondément regrettable que le coupable réussît, dans ce cas, non seulement à éviter une peine qu'il a méritée, mais à conserver une distinction honorifique dont il est indigne ? Un voleur, un escroc dont les méfaits auraient été découverts trop tard pourraient se parer de la Légion d'honneur comme si leur réputation était intacte ! Décider que le pouvoir disciplinaire est impuissant en pareil cas, ce serait oublier que son but, que sa nature sont essentiellement différents de l'action publique organisée par la législation pénale, qu'il doit sauvegarder la dignité de la corporation tout entière, en dégradant ceux qui se sont déshonorés et qu'il peut, nous dirions volontiers qu'il doit s'exercer, précisément parce que l'action pénale est éteinte.

Nous pouvons invoquer à l'appui de cette doctrine la jurisprudence de la cour de cassation en matière de discipline judiciaire. De nombreux arrêts ont déclaré formellement que l'action disciplinaire est indépendante de l'action publique et qu'elle n'est pas régie par les mêmes principes (1). La cour a jugé qu'on ne peut invoquer en pareille matière les règles de la prescription (2) et qu'une décision de cette nature peut, sans violer la maxime *non bis in idem*, faire revivre, sous le rapport de leur moralité, des faits déjà produits et écartés sous le rapport de leur criminalité (3). Aussi elle admet une sorte de concurrence entre l'action disciplinaire et l'action publique. Il ne peut pas en être de même pour le pouvoir disciplinaire institué par la loi du 25 juillet 1873. Mais quand la justice est désarmée, soit par la nature même du fait, que la loi pénale n'a pas réprimé, soit parce que les poursuites judiciaires, qui étaient possibles à une certaine époque, ont cessé de l'être, il appartient à la juridiction disciplinaire d'intervenir pour donner satisfaction à la moralité publique.

Telles sont les règles spéciales du pouvoir disciplinaire institué par la loi du 25 juillet 1873 et le règlement du 14 avril 1874. Ces textes n'ont pas dit, mais ils n'avaient pas besoin de dire, qu'un recours pour excès de pouvoirs devant

(1) Arrêt de cassation, chambres réunies, 9 novembre 1852.
(2) Arrêts de cassation, 30 décembre 1824, 23 avril 1839 (*Lenoble*).
(3) Arrêts de cassation, 12 mai 1827, 22 décembre 1827 (*Marcadié*), 2 août 1848.

le conseil d'État est ouvert aux légionnaires qui ont été frappés par des décisions de cette nature (1).

III

Étudions maintenant diverses règles de droit qui sont communes aux deux branches du pouvoir disciplinaire. Voyons si les faits déshonorants peuvent, par suite de leur date, échapper à la répression ; voyons dans quelles conditions la réintégration peut être accordée.

On remarquera, nous devons le dire, dans les solutions que nous avons à exposer, un écart assez sensible entre l'idéal qu'on serait porté à se faire et la législation positive. L'idéal que le conseil de l'Ordre de la Légion d'honneur, préoccupé de remplir dignement sa haute mission, cherche à faire prévaloir, serait d'éviter aucun contact entre la Légion d'honneur et une flétrissure ou une tache, quelle que soit l'époque à laquelle elle se serait produite et de pouvoir faire justice, quelle que soit la date à laquelle il est saisi. L'idéal serait encore que la justice disciplinaire fût absolument indépendante dans son domaine et que les décisions qui effacent les peines et les condamnations du droit commun n'eussent d'influence pour restituer des droits exceptionnels qu'avec le consentement de l'autorité qui veille à la dignité de l'Ordre. Mais la législation positive n'a pas toujours pris soin de répondre aux exigences de cet idéal et il arrive qu'à défaut de règles spéciales, le conseil d'État, institué pour rappeler toutes les autorités et toutes les juridictions administratives au respect des lois, est obligé d'appliquer des règles générales dont on peut

(1) Toute la législation disciplinaire de la Légion d'honneur a été rendue applicable à la médaille militaire en vertu de l'article 6 du décret du 24 novembre 1852 et du décret du 9 mai 1874. Elle l'est également pour les médailles commémoratives des campagnes de guerre. Enfin elle a été étendue aux Français autorisés à porter des ordres étrangers.

regretter les conséquences sans se croire fondé à les contester.

A plusieurs reprises, lors des changements qui se sont produits dans la législation disciplinaire de la Légion d'honneur, la question de savoir si le principe de la non rétroactivité des lois s'appliquait en pareil cas a été soulevée.

La doctrine est restée assez longtemps incertaine et la dernière jurisprudence du conseil d'État n'est pas complètement d'accord avec celle de la cour de cassation en matière de discipline judiciaire.

Au premier abord, rien n'est plus absolu que le principe posé dans l'article 2 du Code civil : « La loi ne dispose que pour l'avenir, elle n'a pas d'effet rétroactif », et répété dans l'article 4 du Code pénal, en ces termes : « Nulle contravention, nul délit, nul crime ne peuvent être punis de peines qui n'étaient pas prononcées par la loi avant qu'ils fussent commis. » Mais les termes de l'article 2 du Code civil n'ont pas empêché d'admettre des exceptions importantes à la règle qu'il établit, notamment en matière de compétence et de procédure, et d'autre part la nature et le but de l'action disciplinaire ont amené la cour de cassation à décider que le principe de la non rétroactivité des lois ne saurait s'opposer à ce que des mesures de discipline nouvellement instituées soient appliquées à des faits anciens dont le pouvoir disciplinaire n'aurait pu connaître auparavant (1). Dans un arrêt rendu par les Chambres réunies, au rapport d'un magistrat qui a laissé le souvenir d'une grande autorité, M. Laborie, la cour se fondait sur ce que « les mesures disciplinaires ne sont pas de véritables peines, mais des moyens institués pour maintenir, par des raisons d'ordre et d'intérêt public, l'autorité morale et le respect du corps auquel

---

(1) Arrêt de la Cour de Cassation, chambres réunies, du 9 novembre 1852.

appartient le fonctionnaire poursuivi disciplinairement ; qu'elles s'attachent moins aux faits eux mêmes qu'aux conséquences de ces faits sur la considération du fonctionnaire et sur la dignité du corps dont il est membre, c'est-à-dire à cet effet moral qui, à la différence du fait dont il découle, a un caractère successif et permanent. » Elle ajoutait : « Que la position du fonctionnaire et les conditions de capacité, de moralité et de dignité nécessaires à l'accomplissement de sa mission, étant subordonnées à l'intérêt général, il est au pouvoir du législateur d'y apporter des changements ou des modifications suivant les besoins de la société. »

Cette théorie n'a pas été adoptée par le conseil d'État. Elle avait été rappelée devant lui par le Commissaire du gouvernement dans une affaire où il s'agissait de savoir si la loi du 25 juillet 1873 et le décret du 14 avril 1874 pouvaient être appliqués à des actes qui s'étaient accomplis en 1870. Le conseil ne s'y est pas arrêté ; il a décidé que la loi et le décret ne sauraient avoir d'effet rétroactif (1).

Sans méconnaître ce qu'il y a d'élevé dans la doctrine de la cour de cassation, on peut trouver quelque difficulté à admettre que les mesures disciplinaires qui enlèvent à un membre de la Légion d'honneur une récompense d'un si haut prix ne sont pas l'équivalent de véritables peines. D'un autre côté, une partie des motifs sur lesquels se fonde la cour de cassation s'appliquent spécialement aux mesures destinées à empêcher des fonctions publiques de rester dans des mains indignes ; elles n'ont pas la même force quand il s'agit seulement d'une distinction honorifique mal placée (2).

(1) Arrêt du 13 mai 1881 (*Brissy*).

(2) Le Conseil d'État avait admis, par trois arrêts du 26 mai 1876, que le principe de la non rétroactivité des lois ne pouvait être invoqué contre des décisions qui avaient exclu des légionnaires condamnés cor-

Toutefois, il y a un cas où des faits antérieurs à la nouvelle législation peuvent servir de base à une décision disciplinaire. C'est celui où il s'agit de faits d'inconduite ou de fraude dont les effets ont persisté après la promulgation de la législation nouvelle. Là on peut invoquer cet argument donné dans l'arrêt de cassation de 1852, que l'effet du scandale a un caractère successif et permanent. Si le scandale n'a pas été réparé, il est encore subsistant et peut être réprimé (1).

Est-il possible de réparer les erreurs commises dans les nominations, du moins lorsqu'il s'agit de la moralité des légionnaires ? Cette question s'est posée plusieurs fois. Il ne faut pas s'en étonner trop. Assurément, en temps normal, l'instruction qui précède les propositions des ministres permet d'obtenir des renseignements complets, non seulement sur le mérite, mais aussi sur la moralité des candidats qu'ils présentent. Et cependant les ministres peuvent être trompés. D'autre part, il y a des occasions où les moyens de s'éclairer leur manquent. Pendant la funeste guerre de 1870-1871, à la suite de combats qui se produisaient sur beaucoup de points du territoire, pendant que les rapports entre la capitale et les départements étaient interrompus, des décorations ont été accordées pour des faits de guerre, sans que les antécédents civils ou militaires eussent pu être vérifiés, et des recherches postérieures à la paix ont établi que plusieurs légionnaires avaient un passé déshonorant ou même que leur conduite, dans certains moments de la guerre, méritait d'être blâmée et non d'être récompensée.

Il est toujours pénible de se résigner à maintenir une

rectionnellement à l'amende, bien que la condamnation fut antérieure à l'abrogation de l'article 5 du décret du 24 novembre 1852, dont nous avons parlé plus haut. Cette décision n'a plus d'intérêt.

(1) Arrêts du Conseil d'État, 26 janvier 1877 (*Vincent*), 9 février 1877 (*Pichat*).

erreur profondément regrettable. A plusieurs reprises, le conseil de l'Ordre a cru devoir proposer de retirer des décorations à raison des erreurs commises dans l'appréciation des titres. Il y avait là un principe d'autant plus dangereux, qu'il aurait été impossible d'en limiter l'application. Le Conseil d'État a refusé de l'admettre (1). La nature de la décision qui avait été prise montrait elle-même qu'il avait paru impossible d'appliquer des mesures disciplinaires et de frapper le légionnaire pour s'être montré indigne de sa décoration. On constatait une erreur de l'autorité qui avait accordé une récompense et on la réparait. Le Conseil d'État a jugé avec raison qu'une décision semblable n'avait pas de base dans la législation. Le gouvernement est censé avoir pris sa résolution en pleine connaissance de cause, avoir apprécié et jugé tout le passé de ceux qu'il récompense. La discipline ne peut s'exercer que si elle est en présence d'un acte postérieur à la décoration ou du moins, s'il n'y a pas eu de condamnation, d'un fait contraire à l'honneur dont les conséquences aient persisté après la réception dans l'Ordre.

Toutefois, pour qu'il soit impossible de réparer une erreur commise dans l'appréciation des titres, il faut que la décoration soit définitivement acquise. Or, d'après les statuts de l'Ordre, elle ne l'est pas par la nomination seule et par la publication de la nomination ; il faut y joindre la réception, dont les formalités sont réglées par les articles 25 à 32 du décret du 16 mars 1852 et qui, pour les militaires spécialement, a lieu avec une véritable solennité. Ne peut-on pas dire que tant que la réception n'a pas eu lieu, le droit du candidat nommé n'est pas définitif? La question a été soulevée devant le Conseil d'État en 1838, par le recours d'un sieur Gérard, contre une ordonnance royale qui

(1) Arrêts du Conseil, 30 mai 1873 (*Burgues*), 11 juillet 1873 (*Pignot*), 12 novembre 1875 (*Maréchal*).

rapportait sa nomination. Elle n'a pas été résolue à cette époque ; le recours a été écarté par une fin de non recevoir (1). Mais le Grand Chancelier signalait, dans ses observations, plusieurs ordonnances, datant de la Restauration et des premières années du gouvernement de Juillet, qui avaient rapporté des nominations avant la réception dans l'Ordre. Il ajoutait, ce qui confirmait la règle, qu'une décision de retrait n'avait pu recevoir de suite parce que la réception avait été déjà accomplie. La pratique était donc bien nettement établie. Plusieurs arrêts du Conseil d'État, que nous avons déjà cités, permettent de penser que cette doctrine est implicitement consacrée par la jurisprudence actuelle. En annulant les décrets qui révoquaient des nominations pour cause d'erreur, ils constatent que la révocation était intervenue après la réception dans l'Ordre (2). Il est difficile de supposer que le Conseil se soit référé sans intention à cette formalité essentielle, au lieu de mentionner la publication au *Journal officiel*, comme il l'a fait pour la médaille militaire, qui ne donne pas lieu à une réception (3). On peut donc trouver là une ressource pour les erreurs que la publication des décorations ferait apercevoir. Seulement il est évident que ce n'est pas au conseil de l'Ordre qu'il appartiendrait d'intervenir en pareil cas, puisque le candidat nommé, n'étant pas encore entré dans l'Ordre par la réception, n'est pas son justiciable ; c'est le Ministre compétent qui aurait à faire rendre un nouveau décret.

Il nous reste à examiner si les peines disciplinaires qui ont été prononcées contre les légionnaires peuvent être effacées par une réintégration.

Les règlements spéciaux à la Légion d'honneur n'ont

---

(1) Arrêt du Conseil d'État, 22 février 1838 (*Gérard*).

(2) Arrêt du Conseil d'État, 30 mai 1873 (*Burgues*), 11 juillet 1873 (*Pignot*), 12 novembre 1875 (*Maréchal*).

(3) Arrêt du Conseil d'État, 12 janvier 1877 (*Weiss*).

établi aucune prescription spéciale à cet égard. C'est par application des principes généraux que les traditions et la jurisprudence se sont établies.

En poussant à ses dernières conséquences la théorie admise par la Cour de cassation, dans l'arrêt du 9 novembre 1852, que les mesures disciplinaires ne sont pas de véritables peines, on arriverait à décider que le droit de grâce ne peut pas s'appliquer à ces mesures. Mais la théorie est contestable, au moins pour les mesures qui enlèvent les décorations, et le conseil de l'Ordre a considéré qu'on ne pouvait refuser au chef de l'État le pouvoir d'effacer une radiation ou de réduire la durée d'une suspension, comme il peut commuer la peine de mort et diminuer la rigueur ou la durée des travaux forcés ou de l'emprisonnement.

Toutefois, ce pouvoir ne peut s'appliquer qu'aux radiations ou suspensions prononcées par le Président de la République à la suite de condamnations correctionnelles, ou bien encore dans l'exercice du pouvoir que lui donne la loi du 25 juillet 1873. Quand il s'agit des mesures qui résultent des condamnations à des peines déclarées infamantes, qui ont lieu de plein droit et sont prononcées par l'autorité judiciaire ou les tribunaux militaires, la grâce ne pourrait pas restituer la décoration. Ce n'est pas parce que l'autorité qui a pris la décision n'est pas la même dans les deux cas, c'est parce que la dégradation civique qui entraîne la privation du droit de porter aucune décoration, inflige à la fois à ceux qui étaient légionnaires une peine, l'enlèvement de leur décoration et une incapacité pour l'avenir, comme elle entraîne pour les fonctionnaires publics la destitution et l'exclusion de toutes fonctions et emplois. Or la grâce laisse subsister les incapacités qui résultaient des condamnations. Le condamné gracié, au point de vue criminel, reste incapable de porter une décoration comme il reste incapable d'être fonctionnaire public. Une grâce spéciale, au point de vue de la Légion d'honneur, ne pourrait avoir plus d'efficacité.

Il en serait de même pour un commerçant déclaré en état de faillite qui se trouve suspendu de plein droit. Il ne pourrait être réintégré qu'après sa réhabilitation obtenue dans les conditions spéciales réglées par le Code de commerce.

D'ailleurs, les décisions rendues pour effacer les radiations ou les suspensions prononcées à la suite de condamnations correctionnelles, n'ont pas été nombreuses et elles ne devaient pas l'être. Pour rentrer en possession d'une récompense qui crée à ses titulaires une situation exceptionnelle, il ne suffit pas, en effet, d'avoir, après une condamnation, tenu une conduite sans reproche, il faut avoir fait davantage et mérité en quelque sorte une seconde fois cette récompense. Les occasions de racheter ainsi une faute se présentent plus facilement dans la vie militaire que dans la vie civile.

A la vérité, la législation criminelle a établi une institution qui, au premier abord, paraît donner les garanties que recherchent légitimement ceux qui se placent au point de vue des délicatesses de l'honneur et qui semblerait devoir entraîner comme conséquence naturelle la réintégration dans l'ordre de la Légion d'honneur, nous voulons parler de la réhabilitation.

« De toutes les ressources que la science pénitentiaire met à la disposition du législateur pour amender le coupable, il n'en est pas de plus efficace et de plus active que l'espoir de la réhabilitation. Il n'en est pas en même temps de plus morale, de plus élevée et de plus conforme aux idées de justice et d'humanité... Si la société a le droit d'infliger des peines, n'a-t-elle pas le devoir d'affranchir de ses effets celui qui s'est notoirement relevé ? Relever ne lui importe pas moins que punir... » C'est en ces termes que M. Bérenger, notre savant confrère, qui a une autorité toute spéciale dans toutes les questions relatives à la réforme du régime pénitentiaire, caractérisait la réhabilitation, lorsqu'il proposait une loi destinée à modifier les articles 621 à 634 du Code d'instruction criminelle. Cette proposition est devenue la loi du 14 août 1885, qui donne à la réhabilitation, prononcée dans des conditions nouvelles, des effets plus étendus. Ce n'est plus une faveur du gouvernement accordée après avis de la justice, c'est une décision judiciaire qui intervient pour réhabiliter le condamné. D'autre part, l'article 634 du Code d'instruction criminelle portait : « La réhabilitation fait cesser pour l'avenir, dans la personne du condamné, toutes les incapacités qui résultaient de la condamnation. » Le nouveau législateur a voulu davantage. Il a décidé que « la réhabilitation efface la condamnation et fait cesser pour l'avenir toutes les incapacités qui en résultaient ». Il a entendu, comme l'a dit M. Bérenger, « revenir à la tradition du droit français ancien et même du droit romain. Dans ce système, la réhabilitation est redevenue *la restitutio in integrum* ou, pour rappeler l'expression de nos vieux jurisconsultes, la réintégration *dans la bonne fâme et renommée.* »

Quel doit être l'effet de cette mesure au point de vue de la Légion d'honneur ? Si nous consultons la jurisprudence du conseil de l'Ordre, nous voyons que, jusqu'ici et dans les affaires qui ont été jugées, la réhabilitation a été considérée comme un titre et même un titre considérable à une mesure de clémence, mais qu'on n'a pas admis qu'elle entraînât de plein droit la réintégration.

Le Conseil d'État n'a été saisi qu'une fois de la question. Il a, dans cette occasion, rejeté le recours qui lui était présenté, en se fondant sur ce que la réhabilitation obtenue par application de l'ancien article 634 du Code d'instruction criminelle ne pouvait avoir pour effet de faire tomber une mesure disciplinaire prise en exécution de la législation

spéciale à la Légion d'honneur (1). C'est une application du
principe de l'indépendance du pouvoir disciplinaire.

Mais cet arrêt ne tranche pas toutes les questions soulevées par la réhabilitation. Il s'agissait, dans cette affaire, il
faut bien le remarquer, d'une condamnation prononcée par
un tribunal correctionnel, et la radiation avait été prononcée par une décision du chef de l'État. Il a été jugé que le
pouvoir qui avait rendu la décision avait seul le droit de la
retirer. Mais en serait-il de même s'il s'agissait d'une réhabilitation prononcée à la suite d'une condamnation criminelle ?

Nous avons déjà fait remarquer que, en pareil cas, ce
n'est plus le pouvoir disciplinaire spécial à la Légion d'honneur qui prononce la dégradation, c'est la loi pénale elle-
même qui l'ordonne, c'est l'autorité judiciaire ou la juridiction militaire qui la prononcent. La Grande Chancellerie
de la Légion d'honneur n'a plus qu'à enregistrer la décision
en faisant opérer la radiation sur les matricules de l'Ordre.
Pourrait-on, dans de pareilles conditions, invoquer le principe de l'indépendance du pouvoir disciplinaire, statuant
par application d'une législation spéciale ?

La difficulté est aggravée par le texte nouveau de l'article 634 du Code d'instruction criminelle, qui ne se borne
pas à faire cesser, pour l'avenir, les conséquences de la
condamnation, mais qui efface la condamnation. Quand la
condamnation qui entraînait la dégradation et qui l'a prononcée se trouve effacée, la dégradation peut-elle subsister ? La nouvelle rédaction du Code peut même être invoquée au sujet des radiations prononcées par le chef de
l'État à la suite de condamnations correctionnelles. On peut
dire que la condamnation étant effacée, la radiation prononcée n'a plus de base. On peut ajouter que, si la réinté-

(1) Arrêt du Conseil d'État, 20 février 1885 (*Delahourde*).

gration était de droit en matière criminelle et restait facultative en matière correctionnelle, il y aurait là une singulière anomalie, puisque la solution serait moins favorable pour les cas les moins graves.

Toutefois la pensée d'admettre que, sans tenir compte de la nature et des circonstances du crime ou du délit qui ont entraîné la dégradation, la décoration de la Légion d'honneur serait rendue de plein droit en vertu de la réhabilitation est absolument contraire à l'idéal que le conseil de la Légion d'honneur s'applique à atteindre. Il ne serait donc pas impossible qu'il cherchât et qu'il réussît à repousser cette solution en se plaçant sur un autre terrain que celui de l'indépendance du pouvoir disciplinaire.

C'est à tort en effet que l'on croit terminer le débat sans réplique en faisant valoir que la réhabilitation, d'après le nouveau texte du Code, efface la condamnation et fait disparaître pour l'avenir les incapacités qui en résultent. Il y a autre chose que des incapacités, nous l'avons déjà dit, dans l'article 34 du Code pénal qui définit la dégradation civique. Il y a des peines, comme la destitution pour un fonctionnaire public. La réhabilitation n'efface pas les peines exécutées, pas plus la destitution du fonctionnaire que l'emprisonnement subi. Elle ne rend pas de plein droit au fonctionnaire l'emploi dont il avait été privé; elle lui rend seulement l'aptitude à une nouvelle nomination, en faisant cesser l'exclusion de toutes fonctions qui résultait de sa condamnation.

De même la privation des insignes de la Légion d'honneur qui a été prononcée par les juges comme conséquence de la dégradation civique est une peine; elle est accomplie définitivement et ne peut pas plus être effacée que la destitution. Mais l'incapacité de porter aucune décoration cesse pour l'avenir, comme l'exclusion de toutes fonctions publiques. La décoration qui a été enlevée n'est pas rendue de plein droit par la réhabilitation. L'incapacité ayant cessé, la décoration peut être accordée de nouveau par une décision spéciale du chef de l'État, grand maître de l'Ordre de la Légion d'honneur, qui prononce la réintégration s'il la juge méritée.

Ce système s'applique, on le voit, même aux radiations prononcées après des condamnations en matière criminelle. A plus forte raison est-il applicable dans le cas de condamnation en matière correctionnelle. Il n'y aurait ainsi aucune anomalie dans la législation (1).

La même difficulté se soulève à l'occasion des effets de l'amnistie, quoique la nature des deux mesures soit très différente. La réhabilitation a pour but de récompenser les efforts qu'a faits le coupable, pour racheter sa faute et en effacer la tache. L'amnistie ne tient pas compte des sentiments de ceux à qui elle accorde le bénéfice de l'oubli. Mesure collective, inspirée par une pensée politique, elle tend avant tout, sans y réussir toujours, à apaiser des passions, à désarmer par la clémence des hostilités, à ramener le calme en chassant de mauvais souvenirs.

Il n'y a pas de loi générale qui précise les effets de l'amnistie. On trouve seulement dans la doctrine et dans plusieurs arrêts de la cour de cassation des idées générales qui ont été déduites du sens de ce mot, oubli.

L'amnistie, disent ces arrêts, couvre du voile de l'oubli les crimes et délits qui en sont l'objet, elle en efface jusqu'au souvenir et ne laisse rien subsister des condamnations prononcées, sauf le droit des tiers.

Il s'en suit qu'elle rétablit les amnistiés, au jour où elle est prononcée, dans la situation qu'ils avaient avant la con-

---

(1) On trouve cette doctrine, à quelques nuances près, dans les conclusions présentées devant le Conseil d'État par M. Chante-Grellet, commissaire du gouvernement, sur l'affaire *Delahourde*, jugée par arrêt du 20 février 1885. Le Conseil a écarté par une fin de non recevoir, le 1er mars 1889, un nouveau pourvoi du sieur Delahourde formé après la loi du 14 août 1885.

damnation, que les condamnations prononcées disparaissent avec toutes leurs conséquences, qu'ils rentrent dans tous leurs droits civils et civiques, que les poursuites qui n'auraient pas été commencées sont désormais arrêtées, qu'en un mot les faits criminels sont considérés comme non avenus.

Une pareille mesure a, au point de vue du droit criminel, des effets bien plus étendus que la grâce et la réhabilitation elle-même.

Sans doute, on ne revient pas sur le passé en accordant au condamné une réparation ; ce qui est accompli ne peut se détruire, mais aucune trace du passé ne doit plus, en matière pénale, subsister dans l'avenir.

Devait-on néanmoins conclure de ces principes que l'amnistie entraîne nécessairement, pour ceux auxquels elle s'applique, la réintégration dans l'ordre de la Légion d'honneur ? Le conseil de l'Ordre n'avait pas cru pouvoir l'admettre. Il avait décidé que, si l'amnistie a pour effet d'effacer non seulement les peines prononcées contre ceux auxquels elle s'applique, mais encore les incapacités résultant de ces peines, et de les replacer ainsi dans la même condition que tous les autres Français au point de vue des droits civils et civiques, elle ne peut entraîner de plein droit, à défaut d'une disposition expresse, la restitution de distinctions honorifiques qui placent ceux qui les ont obtenues dans une situation exceptionnelle et qui, par suite, les soumettent à une discipline spéciale pour tous les actes contraires à l'honneur. Il invoquait subsidiairement la législation nouvelle établie par la loi du 25 juillet 1873 et le règlement du 14 avril 1874 et reprenant, au point de vue de l'honneur, les faits couverts par l'amnistie, il refusait la réintégration.

On ne peut contester l'élévation des idées et la juste susceptibilité qui inspiraient cette doctrine. Elle n'a pas été consacrée par le conseil d'État et nous croyons qu'elle ne pouvait pas l'être.

Elle était déjà en contradiction avec un arrêt de la cour de cassation qui avait consacré implicitement la doctrine opposée.

À la suite d'une amnistie accordée en 1839, un des amnistiés avait cru pouvoir porter la décoration de la Légion d'honneur dont il avait été privé par la dégradation civique. Il a été condamné pour avoir porté illégalement cette décoration et la cour de cassation a rejeté le pourvoi formé contre cette décision. Mais son arrêt était fondé sur ce que l'amnistie n'était pas complète, parce qu'elle réservait la surveillance de la haute police (1). C'était déclarer que, si l'amnistie avait été complète, le droit n'aurait pas été contesté. Le conseil d'État, se plaçant au point de vue des principes du droit strict, s'est prononcé dans le même sens. Il a jugé que par l'effet de l'amnistie, le condamné était rétabli dans l'entier exercice de ses droits civils et politiques et que, conformément aux dispositions expresses des articles 38 et 39 du décret organique du 16 mars 1852, il y avait lieu de décider qu'il avait recouvré l'exercice des droits et prérogatives attachés à la qualité de membre de la Légion d'honneur (2).

Pourrait-on distinguer ici entre le cas où la dégradation résultait de plein droit de la condamnation et aurait été prononcée par le jugement et celui où elle résulte d'une décision disciplinaire intervenue après une condamnation correctionnelle ? Nous ne le croyons pas. Les effets de l'amnistie s'imposent ici dans les deux cas et doivent faire tomber les décisions disciplinaires les moins graves comme elles font tomber celles qu'ont motivé des crimes. En admettant que, dans le second cas, une décision de réintégration soit nécessaire pour régulariser la situation, comme

(1) Arrêt de cassation du 16 août 1845 (*de Kersausie*).
(2) Arrêt du Conseil, 13 mai 1881 (*Brissy*).

l'a jugé la cour d'appel de Paris (1), cette décision est commandée par l'amnistie et ne pourrait être refusée. Après la décision rendue en 1881 par le conseil d'État, la jurisprudence s'est établie en ce sens et la réintégration a été opérée, quelle que fut la nature des condamnations.

Mais il reste une ressource pour la Grande Chancellerie : si elle est obligée de réintégrer les amnistiés sur les matricules de l'Ordre, elle peut se saisir à nouveau des faits qui avaient motivé la dégradation et prendre une nouvelle mesure disciplinaire en vertu de la loi de 1873 et du décret de 1874. Sans doute les faits couverts par l'amnistie sont considérés comme non avenus au point de vue criminel, mais l'indépendance du pouvoir disciplinaire permet de les apprécier à ce point de vue spécial. Assurément, c'est avec une grande mesure qu'il conviendrait d'user de ce pouvoir et il serait imprudent de l'exercer dans des questions qui auraient un caractère politique. Ce serait aller non contre le texte, mais contre l'esprit des lois d'amnistie. Mais le conseil d'État n'a pas condamné cette doctrine qui lui était soumise dans l'affaire Brissy jugée en 1881. Il a seulement décidé qu'on ne pouvait l'appliquer dans l'espèce, parce que les faits, qu'on entendait réprimer au point de vue de l'honneur, étaient antérieurs à la législation de 1873.

C'est par application de cette doctrine que des militaires déserteurs, rentrés en France après une amnistie qui les mettait à l'abri de toutes poursuites criminelles, ont été rayés des contrôles de la Légion d'honneur ou de la médaille militaire, soit à la suite de mesures disciplinaires prises par l'autorité militaire qui considérait la désertion comme une faute contre l'honneur, soit sur l'avis de commissions d'enquête instituées dans les conditions du règlement du 11 avril 1874.

(1) Arrêt de la Cour d'appel de Paris, en date du 25 avril 1881 (*Bruçken*).

IV

Nous venons d'invoquer fréquemment dans la discussion de ces questions de doctrine des arrêts du conseil d'État. Il est utile de préciser ici, en terminant, les cas dans lesquels les décisions disciplinaires peuvent être l'objet d'un recours.

Il y a eu un temps où le recours devant le conseil d'État n'était admis dans aucun cas. L'appréciation du chef de l'État dans une pareille matière paraissait ne pas pouvoir être discutée par la voie contentieuse (1). Le Conseil d'État est revenu sur cette doctrine excessive. Sans doute nul n'a droit à obtenir la décoration de la Légion d'honneur, mais puisque la nomination est faite à vie, d'après l'article 4 des statuts, ceux qui l'ont obtenue ont le droit de la conserver, s'ils ne se trouvent pas dans un des cas pour lesquels la loi ou les règlements ont permis, par exception, qu'elle fût enlevée et si la décision qui les frappe n'a pas été prise dans les formes établies par la législation. Ce n'est pas sur un texte spécial que se fonde la nouvelle jurisprudence établie depuis 1859 (2), et qui compte depuis cette époque d'assez nombreux monuments ; c'est une application des règles générales sur les recours pour excès de pouvoirs contre les décisions de toutes les autorités administratives, qui ont pour base la loi des 7-14 octobre 1790, et l'article 8 de la loi du 24 mai 1872, sur le conseil d'État.

Mais il ne faut pas se tromper sur la portée de cette jurisprudence. Le recours n'est ouvert que dans le cas où le Président de la République sortirait des limites du pouvoir qui lui a été attribué. Le conseil d'État ne s'est pas attribué l'autorité d'une cour d'appel ; il ne se reconnaît pas le droit

(1) Arrêt du Conseil d'État, 22 février 1838 (*Gérard*).
(2) Arrêt du Conseil d'État, 2 juin 1859 (*Gosse* et *de Mussy*).

d'apprécier si la décision disciplinaire est exactement appro-
priée aux faits incriminés ; il ne peut statuer que sur la
violation des règles établies par la loi et les règlements. Il
a formellement déclaré, dans un arrêt rendu en 1876, que,
par la généralité de ses termes, l'article 46 du décret organique laisse au chef de l'État tout pouvoir d'apprécier,
à l'égard des légionnaires condamnés correctionnellement,
le caractère et la gravité que peuvent avoir le délit commis
et la peine encourue et, par suite, de décider s'il est nécessaire de prononcer soit l'exclusion, soit la suspension contre
les condamnés et que l'appréciation qu'il peut faire dans
l'usage de ce pouvoir ne saurait donner ouverture à un
recours devant le conseil d'État (1). Cette doctrine a été con-
firmée par un arrêt postérieur rendu en 1886 (2). A la vérité,
elle est mise en doute par un écrivain autorisé avec lequel
nous sommes habituellement d'accord, M. Laferrière. Dans
son *traité de la juridiction administrative* (3), M. Laferrière fait remarquer que la doctrine n'est pas développée
avec autant d'étendue dans le second arrêt que dans le premier ; il fait à ce sujet des réserves. Il lui semble inadmis-
sible qu'une faible amende pour des délits de chasse ou de
pêche puisse entraîner une radiation des cadres de l'Ordre.
Mais nous cherchons vainement la base légale de ces
réserves. Nous ne discutons pas l'hypothèse qu'il indique et
qui ne s'est jamais réalisée, qui ne se réalisera sans doute
jamais. Nous ferons remarquer seulement que la même
question pourrait se soulever à propos d'une suspension
temporaire plus ou moins longue et qui pourrait paraître
aussi disproportionnée à la nature du délit et à la gravité
de la peine prononcée. Si l'on veut voir un cas d'excès de
pouvoirs dans toute application rigoureuse de la loi, il n'y a

(1) Arrêt du Conseil du 26 mai 1876 (*Randoing*).
(2) Arrêt du Conseil du 3 décembre 1886 (*Vallet de Lubriat*).
(3) Tome II, p. 517.

plus aucune décision disciplinaire qui ne puisse donner
ouverture à un recours pour excès de pouvoirs. C'est absolument transformer le caractère de ce recours exception-
nel. Qu'il soit recevable quand on soutient que des textes
formels ont été violés ou que les principes généraux sur
l'application des mesures disciplinaires, sur les effets de
l'amnistie, de la réhabilitation ont été méconnus, nous
sommes de cet avis. Mais quand il s'agit de l'appréciation
des faits et de la convenance d'une mesure disciplinaire plus
ou moins sévère, la jurisprudence a eu raison de dire que
le recours n'est pas admissible, parce que l'article 46 des
statuts de l'Ordre s'en est expressément rapporté sur ce
point à la sagesse de l'autorité qui exerce le pouvoir disciplinaire. Nous pouvons d'ailleurs rappeler que l'article 5 du
décret du 24 novembre 1852, qui paraissait interdire au
chef de l'État de prendre des mesures disciplinaires contre
les légionnaires condamnés correctionnellement à l'amende,
a été expressément abrogé par un décret du 14 mai 1874.
La doctrine que nous discutons tendrait en réalité à abro-
ger le décret de 1874.

Quelle serait en outre l'application de cette doctrine pour
les cas où le pouvoir disciplinaire statue sur des faits qui
ne peuvent donner lieu à des poursuites devant les tribunaux ou les conseils de guerre? Les légionnaires qui sont
frappés trouvent toujours la décision trop rigoureuse et
disproportionnée à leurs fautes. Admettre un recours contre
les décisions qui seraient qualifiées d'excessives serait au-
toriser à remettre en question toutes les décisions. Il nous
paraît vraisemblable que la jurisprudence du conseil d'État
se maintiendra.

V

Il n'est pas sans intérêt de compléter ce travail par une
courte statistique des mesures disciplinaires prises par le

Président de la République depuis l'année 1871, jusqu'à l'année 1890. Les archives de la Légion d'honneur ayant été brûlées en 1871 ne donnent pas d'autres renseignements.

Pendant cette période, le nombre total des radiations a été de 289, celui des suspensions de 102.

Les radiations prononcées à la suite de condamnations contre des militaires en activité de service sont au nombre de 24, les suspensions au nombre de 7. Les radiations prononcées en conséquence de condamnations contre des légionnaires civils montent à 192; les suspensions s'élèvent à 75. La plupart des légionnaires civils rayés ou suspendus avaient obtenu leur décoration pour services militaires. 65 d'entre eux avaient fait partie de la garde nationale mobile ou des corps auxiliaires pendant la guerre de 1870-1871.

Les faits portant atteinte à l'honneur, mais n'ayant pas donné lieu à des condamnations des tribunaux militaires ou de l'autorité judiciaire, ont motivé 55 radiations et 17 suspensions de légionnaires militaires; 18 radiations et 2 suspensions de légionnaires civils.

Presque toutes les décisions des deux catégories ont frappé des chevaliers de la Légion d'honneur; 26 ont été rendues contre des officiers, 5 contre des commandeurs, 1 contre un grand officier.

12 décisions ont ordonné la réintégration de légionnaires qui avaient été rayés. 5 décisions de radiation ont été annulées par le Conseil d'État.

VI

La discipline qui frappe les membres de la Légion d'honneur, lorsqu'ils sont devenus indignes de la décoration, est nécessaire. Le contrôle des nominations ne le serait-il pas autant ? La question a été soulevée fréquemment. C'est assurément un problème difficile à résoudre. A toutes les époques, sous tous les gouvernements, des plaintes se sont élevées contre l'abus qui était fait des décorations. M. Thiers, qui savait la valeur des instruments du pouvoir et des armes de l'opposition, a prononcé sur ces abus un jugement d'historien quand il a dit, dans son *Histoire du Consulat et de l'Empire* « qu'ils sont inhérents à toute récompense accordée par des hommes à d'autres hommes » (1). Mais il ne serait pas sage de ne prendre aucune mesure pour les limiter. Sous le gouvernement de Juillet, sous la République de 1848, en 1852, en 1870, en 1873, des efforts ont été faits dans ce but.

En 1839, M. le baron Mounier, homme de gouvernement, mais libéral, comme l'orateur de la Constituante, présentait à la chambre des Pairs un projet de loi qui limitait le nombre des membres de la Légion d'honneur dans chaque grade, fixait pour l'admission dans l'Ordre et les promotions des règles précises, exigeait la publicité des nominations et instituait un grand Conseil de l'Ordre chargé de surveiller l'observation des formes et conditions prescrites par la loi. Ce projet statuait en même temps sur la discipline. Dans les exposés de motifs et les rapports auxquels cette proposition donna lieu, les plaintes contre les abus étaient vivement accentuées. M. le baron Mounier signalait la facilité avec laquelle les décorations avaient été accordées, principalement pour des services civils, sans tenir compte des règles établies par les statuts ; il comparait le nombre de celles qui avaient été distribuées sous l'Empire, sous la Restauration et pendant les premières années du nouveau régime. « La Légion d'honneur ne serait plus qu'un vain simulacre de l'institution première, disait-il, si ses décorations, distribuées avec profusion, accordées à la faveur et à l'obsession plutôt qu'au mérite, cessaient de désigner à l'estime publique les hommes qui honorent la France ou qui l'ont bien servie... » La valeur de la décoration s'est affaiblie

_____

(1) Tome III, p. 469.

disait-il encore, « ceux qui la distribuent, comme ceux qui l'obtiennent, ont cessé d'y attacher le même prix et si elle a continué d'être sollicitée avec ardeur, elle a été donnée avec légèreté et reçue avec tiédeur » (1). Dans son rapport à la Chambre des députés sur le même projet, le baron Hallez, reproduisant ces critiques, les développait ainsi : « Dès que les limites et les conditions prescrites étaient ouvertement violées, la sollicitation ne connut plus de frein, la faveur fit tout le droit, la médiocrité dut à la camaraderie et à l'intrigue la récompense qui aurait dû rester le privilège des plus hautes vertus publiques ; en dérobant à la publicité les nominations qu'on avait faites, on témoignait assez qu'on n'osait pas les défendre (2). »

Le projet de loi voté par les deux Chambres en 1840 et qui contenait une partie des mesures proposées pour prévenir certains abus, notamment la limitation du nombre des décorations à distribuer, la publication des nominations avec leurs motifs, ne fut pas sanctionné par le Roi. Le Roi considérait sans doute qu'il n'appartenait qu'au pouvoir exécutif de statuer sur les règles à suivre pour la distribution des décorations de la Légion d'honneur. Seulement la loi de finances du 17 juillet 1845 imposa la publication au Moniteur de toute nomination dans la Légion d'honneur. C'était donner aux Chambres et à l'opinion publique le moyen de contrôler l'usage que le gouvernement faisait de son pouvoir.

Après que la Constitution de 1848 eut maintenu l'institution de la Légion d'honneur, on fit quelques pas de plus dans la même voie. La loi du 4 décembre 1849 exigea la publication de toutes les nominations et promotions dans l'Ordre, avec l'exposé détaillé des services qui les auraient motivées. Cette addition avait été proposée déjà en 1845 et

(1) Exposé des motifs de la proposition de loi déposée le 8 mai 1839 à la Chambre des Pairs (*Moniteur universel* du 11 mai 1839).

(2) Rapport du 19 juillet 1839.

n'avait été écartée que par une faible majorité. De plus la loi du 15 mars 1850 décida que, jusqu'en 1880, il ne pourrait être fait, dans les divers grades de la Légion d'honneur, qu'une nomination sur deux extinctions, sauf pour les armées de terre et de mer.

Au même moment, le gouvernement, par un décret du 2 avril 1850, reconstitua le Conseil de l'Ordre de la Légion d'Honneur. Cette assemblée différait sensiblement du Grand Conseil, institué par la loi du 29 floréal an x. Composé des trois consuls, et de quatre autres membres élus par le Sénat, le corps législatif, le tribunat et le Conseil d'État, remplacé, en vertu de la constitution impériale du 28 floréal an xii, par la réunion des titulaires des grandes dignités de l'Empire, il avait disparu depuis la Restauration. Elle se rapprochait davantage du Comité de consultation pour les affaires contentieuses, dont les membres étaient nommés par le gouvernement, qui avait été institué le 4 germinal an xii, à côté du grand Conseil, et avait subsisté sous la Restauration et sous le gouvernement de juillet, mais sans avoir une influence considérable sous ces deux derniers gouvernements, parce que son avis n'était pas obligatoire, même pour les questions de discipline. Le décret du 2 avril 1850 ne lui donnait pas d'attributions précises. Ces attributions furent fixées dans les statuts de l'Ordre en 1852. En ce qui concerne les nominations, elles se bornaient à donner un avis au Grand Chancelier pour la préparation du tableau des vacances qui devait servir de base aux promotions dans les grades de Grand Officier, de Commandeur et d'officier dont le nombre était limité et pour répartir les nominations à faire entre les différents ministères et la Grande Chancellerie (1). Ce n'était pas encore la réalisation du projet que le baron Mounier avait présenté en 1839 et que le gouvernement avait si énergiquement combattu.

(1) Décret du 16 mars 1852, art. 19 et 56.

Le souvenir des abus qui s'étaient produits dans la distribution des décorations civiles amena le gouvernement de la défense nationale à décréter, le 28 octobre 1870, que la Légion d'honneur serait à l'avenir exclusivement réservée à la récompense des services militaires et des actes de bravoure et de dévouement accomplis en présence de l'ennemi. Ce décret, qui tombait dans un excès opposé et mutilait l'institution de la Légion d'honneur, a été abrogé par une loi du 25 juillet 1873. Mais, après une longue étude, le législateur a cherché à prendre des précautions pour éviter le retour des abus qu'on avait eu fréquemment à regretter. M. Louis La Caze, rapporteur du projet de loi, les dénonçait dans des termes d'une remarquable élévation. « Si le mal est grave, disait-il, s'il tend à faire de la Légion d'honneur la satisfaction d'une vanité puérile, au lieu d'en faire le couronnement d'une carrière honorable ou la récompense d'un grand service rendu, s'il tend à en faire l'accessoire du costume ou de la position, au lieu de s'adresser au mérite seul, si, dans une société démocratique où assez de choses se pulvérisent et s'effacent, nous sommes menacés d'avoir cette fausse monnaie de l'honneur même, il faut chercher le remède là où il se trouve et l'appliquer avec courage, surtout quand ce remède ne porte aucune atteinte aux droits du gouvernement et qu'il l'arme, au contraire, contre les sollicitations qui l'assiègent et parfois le compromettent (1).

Ce remède, la commission chargée d'élaborer le projet avait d'abord cru le trouver dans plusieurs systèmes qui enlevaient au gouvernement le droit d'apprécier, ou du moins d'apprécier sans avis et sans contrôle obligatoire, le mérite des candidats proposés pour la décoration.

Un premier système consistait à faire décerner les décorations par un conseil supérieur de l'Ordre, sur la présenta-

(1) Discours prononcé à la séance du 4 juillet 1873.

tion du gouvernement pour les services militaires et, pour les services civils, sur celle de conseils départementaux élus par tous les Légionnaires civils domiciliés dans le département. Ces conseils départementaux auraient élu le Conseil de l'Ordre, qui aurait à son tour élu le Grand Chancelier.

Un second système, qui fut soumis à l'Assemblée Nationale, donnait au gouvernement le droit de présentation, sans distinction entre les services civils et militaires, mais donnait le droit de décision à un Conseil de l'Ordre dont les membres étaient élus. Les maréchaux de France réunis aux Présidents des Comités d'armes et les Amiraux réunis au Conseil d'Amirauté auraient élu les représentants des armées de terre et de mer, au nombre de six. Le Conseil d'Etat, la Cour de Cassation et l'Institut auraient désigné chacun deux membres, pour représenter les services civils, les sciences et les arts (1).

Le projet de loi qui renfermait ces dispositions, intercalées dans une codification générale des statuts de l'Ordre en soixante-douze articles, n'avait donné lieu à aucune observation lors de la première lecture. Mais à la seconde délibération, il fut vivement combattu; le gouvernement protesta contre un système qui attribuait au Conseil de l'Ordre l'appréciation du mérite des candidats et l'Assemblée prit en considération un contre-projet, réduit à quelques articles, qui ne donnait au Conseil de l'Ordre que le soin de vérifier si les nominations étaient conformes aux statuts et règlements (2).

En vain, M. le général Billot, dans une nouvelle délibération, proposa une combinaison imitée des règles suivies dans l'armée, d'après laquelle, dans chaque département ministériel, les propositions pour l'admission ou l'avancement dans la Légion d'Honneur, adressées au ministre,

(1) Rapport déposé le 6 juin 1872 (*Journal officiel* du 4 juillet suivant).
(2) Séance du 25 juin 1873.

seraient soumises par lui à une commission de membres de la Légion d'honneur désignés, sur sa présentation, par le Président de la République. Cette combinaison fut également repoussée (1).

La loi du 25 juillet 1873, sortie de ces longues délibérations, a repris et accentué les dispositions des lois antérieures sur la limitation des nominations et promotions annuelles, que bientôt le législateur lui-même a trouvées trop rigoureuses (2) et sur la publication des décrets de nomination, avec l'exposé des services qui les ont motivés. Ce qu'elle contient de nouveau, ce sont les attributions données au Conseil de l'Ordre. Mais d'une part, rien n'a été changé à la composition du conseil de l'Ordre, nommé par le chef de l'État. D'autre part, la loi ne confère pas à ce Conseil le droit d'apprécier le mérite des candidats. Elle se borne à prescrire que le Conseil « vérifiera si les nominations ou promotions sont faites en conformité des lois, décrets et règlements en vigueur, et que la déclaration rendue par le Conseil de l'Ordre à la suite de cette vérification, sera mentionnée dans chaque décret (3) ». Elle le charge encore d'arrêter, tous les six mois, le nombre des extinctions notifiées dans le cours du semestre expiré; le tableau de ces extinctions doit servir de base à la fixation du nombre des décorations qui peuvent être accordées dans le cours du semestre suivant (4).

C'est donc une sorte de vérification extérieure que le Conseil de l'Ordre est chargé de faire. Le nombre des déco-

(1) Séance du 6 juillet 1873.

(2) Elles ont été modifiées d'une manière permanente pour les décorations à distribuer dans l'armée par les lois du 10 juin 1879 et du 16 décembre 1886. De plus, diverses lois ont accordé, à l'occasion d'expositions de l'industrie en France ou à l'étranger, l'autorisation de donner un contingent supplémentaire de décorations.

(3) Art. 3 de la loi du 25 juillet 1873.

(4) Art. 1er de la même loi.

— 48 —

rations que peut donner chaque ministère est-il dépassé ?
Les candidats proposés remplissent-ils les conditions exigées
par les règlements en ce qui concerne la durée des services,
conditions auxquelles les règlements permettent de déroger
en temps de guerre, et même en temps de paix, pour les
services extraordinaires ? Le projet de nomination est-il
accompagné de l'exposé des services qui l'ont motivé, particulièrement s'il s'agit d'un fait qui a paru au ministre
mériter une récompense exceptionnelle ? Indique-t-il pour
chaque promotion, la date à laquelle a été obtenu le grade
précédent ? Voilà les questions auxquelles son droit de
vérification a été limité. Après cet examen, il ne donne pas
un avis sur les décorations, il déclare que les nominations
proposées sont ou ne sont pas conformes à la loi et aux
règlements. Ce contrôle empêche un certain nombre d'abus.
Il ne les empêche pas tous. Le législateur de 1873 a pensé
que le contrôle, à l'égard du mérite des candidats nommés
sur la proposition des ministres, ne pouvait être exercé que
par les Chambres et par l'opinion publique.

Depuis 1873, quelques tentatives nouvelles ont été faites
pour modifier la législation ; elles n'ont pas eu de succès.
En 1884, M. Viette et plusieurs autres députés proposaient
de faire établir les listes de candidature pour les services
civils par une commission composée de quatre sénateurs
élus par le Sénat, et de quatre députés élus par la Chambre,
présidée par le Grand Chancelier. Cette proposition n'a pas
été prise en considération (1).

On a parfois demandé si le conseil de l'Ordre ne devrait
pas examiner le mérite des candidats, du moins au point de
vue de leur moralité, de façon à éviter des erreurs qui ont
pu être commises. Ce pouvoir se rattacherait à celui qu'il
exerce en matière de discipline. La loi actuelle ne le

(1) Proposition déposée le 24 janvier 1884. Rapport de M. Horteur,
en date du 12 février suivant.

permet pas, cela n'est pas douteux. Une loi nouvelle devrait-elle le prescrire? Les objections ne manquent pas. D'abord le législateur ferait injure aux ministres en supposant qu'ils peuvent omettre de rechercher la moralité des candidats qu'ils proposent comme dignes d'entrer dans la Légion d'honneur. Ensuite le conseil de l'Ordre manquerait des éléments nécessaires pour exercer ce contrôle. Il ne suffirait pas, nous avons à peine besoin de le dire, de mettre à sa disposition le casier judiciaire qui est à la disposition des ministres. On peut être indigne d'être décoré sans avoir subi une condamnation; la législation et la jurisprudence relatives aux mesures disciplinaires prises contre les légionnaires, pour des faits qui ne peuvent donner lieu à aucune poursuite, en fournissent la preuve. Les faits d'inconduite scandaleuse, de concurrence déloyale en matière de commerce, de fraude en matière de contributions indirectes peuvent n'être constatés que par des jugements des tribunaux civils et des tribunaux de commerce, ou n'être constatés par aucun jugement. Comment le conseil de l'Ordre pourrait-il ouvrir une enquête sur la vie de chacun des candidats proposés pour la décoration? Qu'il puisse présenter des observations à un ministre lorsque des condamnations sont de notoriété publique et que le ministre paraît les avoir ignorées, cela n'est pas impossible et cela est arrivé. Mais il n'y a pas là une garantie régulière, et nous ne croyons pas qu'il fût possible de rien organiser dans ce sens. Aussi bien les erreurs commises à ce point de vue sont très rares en temps normal et n'exigent pas une réforme de la législation. C'est sur l'appréciation de la valeur des services rendus au pays que les erreurs ont pu être plus fréquentes. Ici les Chambres et l'opinion publique ont le droit d'intervenir. Pourrait-on faire plus que de s'en rapporter à leur influence pour affermir, s'il en était besoin, la sagesse du gouvernement?

TABLE DES MATIÈRES

ORLÉANS. — IMP. PAUL GIRARDOT.

www.ingramcontent.com/pod-product-compliance
Lightning Source LLC
Chambersburg PA
CBHW071010280326
41934CB00009B/2242